15/16 Janvier 1907

ANCIENNES PORCELAINES

DE LA CHINE ET DU JAPON

VERRERIES ANTIQUES — CABINET LOUIS XIII

Dépendant de la succession de M. P. CHAVANE

TABLEAUX MODERNES & ANCIENS

BRONZES DE BARYE

PORCELAINES — FAIENCES

MONNAIES D'OR ET D'ARGENT ANCIENNES

OBJETS D'ART — TAPISSERIES

Appartenant à divers

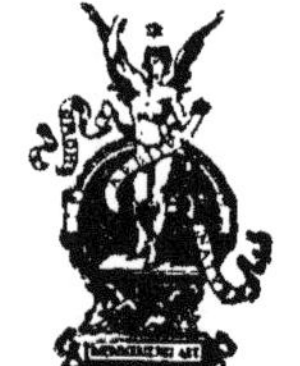

CATALOGUE

DES

ANCIENNES PORCELAINES

DE LA CHINE ET DU JAPON

VERRERIES ANTIQUES — CABINET LOUIS XIII

Dépendant de la succession de M. P. CHAVANE

TABLEAUX MODERNES ET ANCIENS

Par ou attribués à

AROSA, BAIL (JOSEPH), BEERS (J.-V.), BOILLY, BOUCHARDY, BRUN, CALAME, CALLIAS (H. DE), COURBET, DAMOYE, DESCHAMPS, DUCQ, FLANDRIN (H.), GIRARDET (K.), ISABEY (E.), MONET (CLAUDE), NEUVILLE (A. DE), PERRET, ROYBET, TENIERS, TROYON, VOLLON, ZIEM, ETC.

AQUARELLES, PASTEL & DESSINS

BRONZES DE BARYE

Porcelaines et Faïences anciennes

MONNAIES D'OR ET D'ARGENT ANCIENNES

OBJETS D'ART — TAPISSERIES

TAPIS D'ORIENT

Appartenant à divers

ET DONT LA VENTE AUX ENCHÈRES PUBLIQUES AURA LIEU

HOTEL DROUOT, SALLE N° 6

LES MARDI 15 ET MERCREDI 16 JANVIER 1907

à deux heures

COMMISSAIRE-PRISEUR

Me LAIR-DUBREUIL, 6, rue Favart.

EXPERTS

Pour les Tableaux :	*Pour les Objets d'Art :*
M. MAURICE MALLET	**MM. PAULME ET B. LASQUIN FILS**
13, rue du Helder	10, rue Chauchat | 12, rue Laffitte

Pour les Verreries et Monnaies : **M. E. BOURGEY**, 19, rue Drouot.

EXPOSITION PUBLIQUE

Le Lundi 14 Janvier 1907, de 2 heures à 6 heures

CONDITIONS DE LA VENTE

Elle sera faite *au comptant.*

Les adjudicataires paieront *dix pour cent* en sus des enchères.

Imprimerie de l'ART, Ch BERGER ET Cie, 41, rue de la Victoire.— Paris.

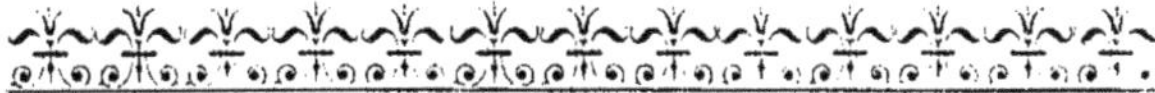

DÉSIGNATION

Succession de M. P. CHAVANE

PORCELAINES, FAIENCES ANCIENNES

1 — JAPON. Six assiettes, à décor polychrome et or : branchages, volatiles et rosaces.

2 — JAPON. Vingt-quatre assiettes ou compotiers de décors divers en bleu et en couleur.

3 — JAPON. Dix assiettes en couleur ; rosace au centre et branches fleuries.

4 — JAPON. Deux plats ronds creux en couleur et dorure ; fleurs.

5 — JAPON. Deux plats ronds, décorés au fond de pagodes et arbustes ; bordure à rinceaux fleuris. Deux autres plats, variés de décor.

6 — Japon. Légumier, à deux anses et son couvercle, décor en couleur et dorure, à fleurs.

7 — Japon. Plat à barbe rond, décor à fleurs, en couleur et dorure. Autre plat à barbe, ovale, à décor bleu.

8 — Japon. Deux bols et un présentoir en bleu et en couleur.

9 à 16 — Compagnie des Indes. Cinquante et une assiettes et un plat rectangulaire creux, variés de décor, fleurs et dorure. (Sera divisé.)

17 — Compagnie des Indes. Vingt assiettes plates et seize assiettes creuses, décorées en couleur et dorure ; au centre, vase fleuri et insectes ; bordure à imbrications.

18 — Compagnie des Indes. — Vingt et une assiettes plates et huit assiettes creuses, décorées en couleur et dorure ; au centre, bouquet de fleurs ; marli à fleurettes.

19 — Compagnie des Indes. Assiette, décorée à l'encre de Chine ; au centre : Adoration des Bergers ; au marli, festons fleuris.

20 — Compagnie des Indes. — Compotier creux rond, à pâte gaufrée, décoré en couleur ; au centre, fleurs ; au marli, huit rosaces en bleu.

21 — Compagnie des Indes. Six compotiers à bords festonnés, décorés en couleur et dorure ; fleurs.

22 — Compagnie des Indes. Deux petits plats ronds creux, décorés en couleur et dorure : paysage et fleurs.

23 — Compagnie des Indes. Plateau rond à piédouche, décoré en couleur et dorure ; au centre, armoirie avec devise ; à l'extérieur, paniers et branchages fleuris ; bordure à carrelages.

24 — Compagnie des Indes. Trois petits plats ronds, dont deux à bords festonnés, décor en couleur de fleurs et rochers, bordure dorée.

25 — Compagnie des Indes. Cinq petits plats ronds, décorés en couleur ; au centre, fleurettes et bouquet ; au marli, guirlandes.

26 — Compagnie des Indes. Plat à barbe, de décor analogue.

27 — Compagnie des Indes. Quatre plats ronds, décorés en couleur de fleurs, oiseaux et insectes.

28 — Compagnie des Indes. Soupière et son couvercle de forme ronde, décor en couleur et dorure, fleurs.

29 — Compagnie des Indes. Soupière et son couvercle de forme ovale, à deux anses, décor à fleurs, en couleur et dorure.

30 — Compagnie ees Indes. Légumier et son couvercle de forme rectangulaire ; décor à fleurs, en couleur et dorure.

31 — Chine. Quatre assiettes, décorées en couleur : au centre, paysage avec personnages et volatiles : au marli, lambrequin de fleurs et feuillages sur fond vermiculé et carrelé.

32 — Chine. Six assiettes, décorées en couleurs et à motifs variés.

33 — Chine. Quatorze assiettes, décorées en couleur : au centre, animaux sur des branchages : marli à fond vert et réserves. (Deux assiettes offrent une légère différence au marli.)

34 — Chine. Quatre assiettes, décorées en couleur ; au centre, branchages fleuris ; bordure avec médaillons, fleurs et fruits.

35 — Chine. Trois assiettes, décorées en couleur : au centre, pagode avec personnages : marli à fleurs et feuillages.

36 — Chine. Dix assiettes, de forme octogonale, décorées en couleur ; au centre, branches fleuries ; au marli, lambrequin et grecque sur fond vermiculé et carrelé.

37 — Chine. Douze assiettes en couleur, variées de décor : fleurs, oiseaux, etc.

38 — Chine. Deux assiettes creuses, à bords festonnés, décorées en couleur et dorure ; au centre, scène à nombreux personnages accompagnant une Chinoise portée dans sa chaise ; bordure à fleurettes.

39 — Chine. Neuf assiettes, décorées en couleur, avec lambrequin au marli ; décors variés.

40 — Chine. Plateau rond en émaux de couleur ; au centre, scène à personnages ; au marli, carrelages et petites réserves avec animaux.

41 — Grand compotier à bordure ajourée, décoré en bleu d'un paysage avec canards. — Plat creux rond, décoré en bleu.

42 — Chine. Trois petits plats, de forme hexagonale, décorés en couleur : au centre, rochers et volatiles : au marli, fleurs sur fond vert piqué et réserves avec crustacés.

43 — Chine. Plat rond, à pâte gaufrée, offrant, au centre, une gerbe de fleurs en couleur. Autre plat rond avec fleurs en bleu.

44 — Chine. Plat rond, décoré en couleur : au centre, oiseau, dragons et rochers ; marli à carrelages et ustensiles dans des réserves.

45 — Chine. Plat rond, décoré en couleur ; au fond, gerbe fleurie ; au marli, lambrequin à fleurs sur fond vermiculé.

46 — Chine. Plat rond, décoré en couleur d'un paysage maritime avec barques et pagodes.

47 — Chine. Plat rond creux, décoré en couleur d'une scène de théâtre avec personnages.

48 — Chine. Plat rond creux, décoré en couleur, au centre, d'une scène familiale, encadrée d'une petite bordure carrelée.

49 — Chine. Plat rond creux, décoré en couleur ; au centre, scène d'intérieur, à cinq personnages, avec bordure à carrelages et petites réserves.

50 — Chine. Plat rond creux, décoré en couleur ; au centre, paon et insecte sur une gerbe de fleurs ; bordure à rinceaux et petites réserves.

51 — Chine. Plat rond creux, décoré en couleur ; au centre, paons, rochers et arbustes ; bordure à fleurs et bandes en dorure.

52 — Chine. Plat rond dentelé, orné en bleu et en couleur d'ustensiles divers.

53 — Chine. Plat rond creux, décoré en couleur ; au centre, sujet à personnages, dans un paysage avec arbustes ; bordure à quadrillés et carrelages, avec petites réserves à ustensiles.

54 — Chine. Plat rond creux, décoré en bleu sur fond blanc ; au centre, corbeille de fleurs ; marli à branchages.

55 — Chine. Deux petits plats longs, décorés en couleur : scène familiales et fleurettes.

56 — Chine. Paire de petites potiches ovoïdes, couvertes en porcelaine mince, offrant dans des réserves blanches des scènes à personnages, des fleurs et volatiles, sur fond carrelé.

57 — Chine. Assiettes non cataloguées.

VERRERIES ANTIQUES

58 — Verre moulé, tête de Janus Bifrons. Haut. 11 centimètres.

59 — Verre en forme de gourde, belle irisation. Haut. 15 centimètres.

60 — Vase pomiforme, à quatre anses. Haut 13 centimètres.

61 — Vase allongé. Petit vase, muni d'une anse. Deux pièces.

62 — Verre en forme de trompette. Rare.

63 — Vase à panse hexagone moulurée. Haut., 20 centimètres.

64 — Verre moulé, jaune. Haut., 13 centimètres.

65 — Vase cotelé, muni de trois anses. Haut. 20 centimètres.

66 — Petite coupe en verre opaque.

67 — Flacon verre opaque, bleu et blanc.

68 — Flacon verre opaque, multicolore.

69 — Deux flacons aplatis, à anses et filets bleus.

70 — Œnochoe, verre jaune. Verre moulé, muni d'anses. Deux pièces.

71 — Verre à pied, muni de quatre anses.

72 — Deux flacons. Haut. 22 centimètres.

73 — Verre double. Petit flacon à six anses bleues. Deux pièces.

74 — Verre moulé. Coupe. Flacon. Ensemble trois pièces.

75 — Verres teintés. Trois pièces.

76 — Verres teintés, à panses striées. Trois pièces.

77 — Sept verres de formes différentes.

78 — Lot de dix vases et bracelets.

79 — Meuble-cabinet en bois d'ébène, à deux-portes, avec support, à quatre pieds tors et croisillon. Époque Louis XIII.

Appartenant à Divers

TABLEAUX

MODERNES ET ANCIENS

AROSA (M.)

80 — *Judith tenant la tête d'Holopherne.*

Signé à gauche.

Toile. Haut., 70 cent.; larg., 50 cent.

AROSA (M.)

81 — *La Chasseresse.*

Signé à gauche.

Toile. Haut., 1 m. 75 cent.; larg., 1 m. 05 cent.

BAIL (JOSEPH)

82 — *Le Cuisinier.*

Il est représenté assis, tenant d'une main un poisson et de l'autre son couteau. Devant lui, un tabouret, un chaudron et, à terre, une cuvette à moitié remplie d'eau.

Signé à droite.

Toile. Haut., 73 cent.; larg., 60 cent.

BAIL (Joseph)

83 — *Nature morte.*

Sur une table, un chaudron, une cafetière, une gerbe de fleurs, une écuelle et des coings.

Signé à gauche.

Toile. Haut., 73 cent.; larg., 92 cent.

BAIL (Joseph)

84 — *Le Duo.*

Deux jeunes musiciens sont installés près d'une table chargée de morceaux de musique. Celui de gauche accompagne au violoncelle la voix de son camarade debout près de lui et tenant une partition entre les mains.

Signé dans le bas, à gauche.

Toile. Haut., 1 mètre ; larg., 80 cent.

BAIL (Joseph)

85 — *Nature morte.*

Un potiron, un chaudron, des échalottes et un oignon.

Signé à droite.

Toile. Haut., 73 cent.; larg., 92 cent.

BAIL (Joseph)

86 — *Nature morte.*

Sur une table recouverte d'un tapis rouge, sont déposés des objets religieux en bronze et en or, un Saint Sacrement, un bénitier, un anneau pastoral.

Signé dans le bas, à droite.

Toile. Haut., 80 cent.; larg., 54 cent.

BAIL (JOSEPH)

87 — *Nature morte.*

Sur un tapis gris, décoré de bouquets de roses, sont déposés : un sucrier en argent, une cuiller et une fourchette à dessert, près d'un écrin ouvert.

Signé dans le haut, à gauche.

Toile. Haut., 38 cent.; larg., 45 cent.

BAIL (JOSEPH)

88 — *Nature morte.*

Un homard dans un plat de faïence, une théière en cuivre, un pot de grès vert et deux œufs rouges ; le tout sur une nappe blanche.

Toile. Haut., 45 cent.; larg., 60 cent.

BAIL (JOSEPH)

89 — *Deux vaches à l'étable.*

Signé à gauche.

Toile. Haut., 80 cent.; larg., 1 mètre.

BEERS (JAN VAN)

90 — *Le Premier Aveu.*

Toile. Haut., 1 m. 60 cent.; larg., 1 m. 50 cent.

BOILLY (Attribué à)

91 — *Portrait de Femme en corsage blanc décolleté.*

Toile. Haut., 20 cent.; larg., 15 cent.

BOUCHARDY

92 — *Louis XVI dans sa cellule.*

Signé à gauche et daté : *1829.*

Toile. Haut., 1 m. 75 cent. ; larg., 1 m. 20 cent.

BRUN (N. A.)

93 — *L'Arrivée de la diligence au village.*

Haut., 36 cent. ; larg., 45 cent.

BRUN (N. A.)

94 — *Chez le maréchal ferrant.*

Haut., 35 cent.; larg., 45 cent.

CALAME

95 — *Sommet d'une montagne en Suisse.*

Haut., 28 cent.; larg., 30 cent.

CALLIAS (Horace de)

96 — *Le Petit Chaperon rouge.*

Salon de : *1886.*

Signé à gauche.

Toile. Haut., 1 m. 28 cent.; larg. 96 cent.

CALLIAS (Horace de)

97 — *Soirée musicale.*

Salon de *1891.*

Signé à droite.

Bois. Haut., 58 cent.; larg., 73 cent.

COURBET (Gustave)

98 — *La Cascade.*

Signé à gauche.

Toile. Haut., 55 cent.; larg., 40 cent.

DAVID (École de)

99 — *Portrait de conventionnel.*

Toile. Haut., 54 cent.; larg., 44 cent.

DAMOYE

100 — *Un Marais.*

Signé à droite.

Toile. Haut., 45 cent.; larg., 85 cent.

DESCHAMPS (Louis)

101 — *La Veuve.*

Signé à gauche et daté : *1883*.

Toile. Haut., 90 cent.; larg., 62 cent.

DUCQ (Copie d'après Jan le)

102 — *La Joyeuse Compagnie.*

Cadre ancien en bois sculpté et doré.

Bois. Haut., 32 cent.; larg., 44 cent.

DUCQ (Attribué à Jan le)

103 — *La Partie de cartes.*

Cadre ancien en bois sculpté et doré.

Bois. Haut., 30 cent.; larg., 47 cent.

ÉCOLE FLAMANDE (Copie d'après)

104 — *Soins maternels.*

Haut., 24 cent.; larg., 18 cent.

ÉCOLE FRANÇAISE (Copie d'aprés)

105 — *Ronde d'enfants. Enfants au bain.*

Deux dessus de portes.

Toile. Haut., 90 cent.; larg., 1 m. 48 cent.

ÉCOLE FRANÇAISE (Copie d'après)

106 — *Les Plaisirs de l'automne.*

Dessus de porte.

Toile. Haut., 82 cent.; larg., 1 m. 67 cent.

ÉCOLE FRANÇAISE (Copie d'après)

107 — *Les Plaisirs de la chasse.*

Dessus de porte.

Toile. Haut., 80 cent. ; larg., 1 m. 45 cent.

ÉCOLE ITALIENNE (XVIe siècle)

108 — *Portrait de Femme de profil à gauche.*

Bois. Haut., 37 cent. ; larg , 27 cent.

109 — *Portrait de Femme de profil à droite.*

Bois. Haut., 38 cent. ; larg., 41 cent.

ÉCOLE ITALIENNE

110 — *Saint en prières.*

Toile. Haut., 1 m. 15 cent.; larg., 1 mètre.

ÉCOLE DU XVe SIÈCLE

111 — *Saint Étienne martyr.*

Peinture sur fond d'or.

Haut., 1 m. 60 cent.; larg., 47 cent.

FLANDRIN (HIPPOLYTE)

112 — *Mort de Socrate.*

Haut., 23 cent.; larg., 30 cent.

FRÈRE (THÉODORE)

113 — *Caravane au désert.*

Haut., 14 cent.; larg., 28 cent.

GÉRICAULT (Attribué à)

114 — *Cheval à l'écurie.*

Haut., 30 cent.; larg., 26 cent.

GIRARDET (KARL)

115 — *Vue de montagnes.*

Haut., 27 cent.; larg., 40 cent.

GIRARDET (KARL)

116 — *Un lac en Suisse.*

Haut., 18 cent.; larg., 26 cent.

INCONNU

117 — *Jeune femme dessinant dans la campagne.*

Haut., 44 cent.; larg., 36 cent.

INCONNU

118 — *Objets variés sur une table.*

Haut., 30 cent.; larg., 24 cent.

ISABEY (Eug.)

119 — *Intérieur.*

Porte le cachet de la vente Isabey.

Bois. Haut., 27 cent.; larg., 20 cent.

ISABEY (Eug.)

120 — *Le Naufrage.*

Esquisse.

Signé à droite.

Haut., 1 m. 5 cent.; larg., 1 m. 75 cent.

KAREL DU JARDIN (Genre de)

121 — *Troupeau au pâturage.*

Haut., 20 cent.; larg., 27 cent.

LANGRAND

122 — *La Promenade. Paysage avec figures.*

Toile. Haut., 1 mètre; larg., 1 m. 40 cent.

LAPITO

123 — *Paysage boisé.*

Haut., 30 cent.; larg., 44 cent.

LEPRINCE (Xavier)

124 — *La Visite du fermier.*

Haut., 21 cent.; larg., 26 cent.

MAES (G.-J.)

125 — *Effet de lune sur un lac.*

Haut., 33 cent.; larg., 43 cent.

MAZONNI

126 — *Rue au Caire.*

Signé à droite.

Haut., 42 cent.; larg., 31 cent.

MICHEL

127 — *Le Moulin à vent.*

Haut., 15 cent.; larg., 18 cent.

MIGNARD (Attribué à)

128 — *Portrait de Jeune Femme, un manteau de velours bleu sur les épaules.*

Haut., 40 cent.; larg., 30 cent.

MONET (Claude)

129 — *La Promenade matinale.*

Toile signée à droite.

Haut., 1 mètre; larg., 60 cent.

NEUVILLE (Alphonse de)

130 — *Attaque par le feu d'une maison barricadée et crénelée.* (Armée de l'Est, Villersexel, le 9 janvier 1871.)

Signé à droite.

Bois. Haut., 14 cent.; larg., 21 cent.

PERRET (Aimé)

131 — *Un Jour de neige au village.*

Signé dans le bas, à droite.

Bois. Haut., 40 cent.; larg., 30 cent.

PERRET (Aimé)

132 — *Idylle aux champs.*

Signé à droite.

Toile. Haut., 45 cent.; larg., 54 cent.

PETIT (Eugène)

133 — *Vase de fleurs.*

Signé dans le bas, à droite.

Toile. Haut., 80 cent.; larg., 55 cent.

PIRIN (E.)

134 — *Gibiers morts : Lièvre et Perdrix.*

Signé à gauche.

Haut., 78 cent.; larg., 60 cent.

PŒLEMBOURG (D'après)

135 — *Baigneuses.*

Haut., 25 cent.; larg., 34 cent.

ROYBET

136 — *Jeune Page.*

Signé dans le haut, à gauche.

Haut., 65 cent.; larg., 55 cent.

SCHALKEN

137 — *Jeune Femme cachetant une lettre.*

Haut., 48 cent. ; larg., 37 cent.

SENAVE

138 — *Jeune Femme jouant de la mandoline.*

Haut., 44 cent. ; larg., 37 cent.

SEVESTRE

139 — *Femme nue assise au pied d'un arbre.*

Signé à gauche.

Haut., 50 cent.; larg., 65 cent.

STOKBEL

140 — *La Ménagère.*

Haut., 44 cent.; larg., 38 cent.

TENIERS (DAVID le Vieux)

141 — *Le Troupeau.*

Groupé au fond d'un vallon, un troupeau de vaches et de moutons attend le moment de rentrer à la ferme. Le berger, assis sur un tertre, joue de la flûte. Au fond du paysage, une haute montagne se profile sur un ciel semé de légers nuages.

TROYON

142 — *Marine.*

(*Vente Troyon.*)

Haut., 24 cent.; larg., 37 cent.

TROYON

143 — *Vaches. Étude.*

(*Vente Troyon.*)

Haut., 34 cent.; larg., 2 cent.

TROYON

144 — *Les Dépendances de la Ferme.*

(*Vente Troyon.*)

Haut., 53 cent.; larg., 65 cent.

VALLIN (Attribué à)

145 — *Femmes et Enfant dans un paysage.*

Toile. Haut., 33 cent.; larg., 25 cent.

VIBERT et ZAMACOIS

146 — *Entrée des Toréadors dans l'Arène.*

(*Vente Zamacoïs.*)

Haut., 40 cent.; larg., 33 cent.

VIDAL (E.)

147 — *Portrait de Femme vue de profil à gauche.*

Signé à droite du monogramme E. V.

Haut., 58 cent.; larg., 44 cent.

VOLLON (A.)

148 — *Le Sentier dans la clairière.*

Signé à gauche.

Toile. Haut., 42 cent.; larg., 33 cent.

ZIEM

149 — *La Barque.*

Signé à gauche.

Bois. Haut., 36 cent.; larg., 64 cent.

ZIEM

150 — *La Côte aux environs de Marseille.*

Signé à droite.

Toile. Haut., 32 cent.; larg., 49 cent.

AQUARELLES, PASTELS
DESSINS

AROSA (M.)

151 — *Portrait de Femme en costume du* XVe *siècle.*

Pastel.

Haut., 44 cent. ; larg., 27 cent.

DAUBIGNY (C.)

152 — *Une Ruelle en province.*

Signé à gauche.

Fusain. Haut., 48 cent. ; larg., 30 cent.

DECAMPS

153 — *Bateau à marée basse.*

Fusain rehaussé de blanc.
Signé du monogramme sur un bateau.

Haut., 37 cent. ; larg., 50 cent.

DELACROIX (EUGÈNE)

154 — *Dante et Virgile.*

Etude au crayon noir pour le tableau du Louvre.
(*Vente E. Delacroix.*)

DESHAYS

155 — *L'Entretien du feu sacré des vestales.*

Sanguine rehaussée de gouache.
Signé et daté : *1774.*

FLANDRIN (Hippolyte)

156 — *Saints.*

Etude à la mine de plomb.

FRANCART (Joseph

157 — *La Vierge aux anges.*

Grisaille.
Signé à gauche.

GAILLARD

158 — *Portrait de Femme.*

Aquarelle.

GOIS

159 — *Le Réveil de l'amour.*

Sanguine.
Signé à gauche et daté : *1776.*

HAUPART

160 — *Le Lavoir.*

Aquarelle.

Haut., 37 cent. ; larg., 52 cent.

HAUPART

161 — *Paysage. Le Pont.*

Aquarelle.

Haut., 36 cent.; larg., 51 cent.

INCONNU

162 — *Pont en ruine.*

Gouache.

LEBRUN (d'après)

163 — *Alexandre et le Roi Porus.*

Gouache.

LEBRUN (D'après)

164 — *L'Éléphant.*

Gouache.

LELOIR (Louis)

165 — *Jeune femme assise.*

Dessin.

PERRET (Aimé)

166 — *Les Bords de l'Yonne.*

Aquarelle.
Signée à gauche.

Haut., 30 cent.; larg., 50 cent.

PERRET (Aimé)

167 — *Une Après-midi ensoleillée.*

Aquarelle.
Signée à gauche.

Haut., 28 cent.; larg., 42 cent.

PICOU (Henri)

168 — *Le Printemps.*

Sanguine.
Signée à gauche.

PILS

169 — *Bédouin.*

Étude à l'aquarelle.

REGNAULT (Henri)

170 — *Étude de montagnes, île de Majorque.*

Fusain.

(*Vente H. Regnault.*)

ROSA BONHEUR

171 — *Berger landais conduisant un troupeau de moutons.*

Important dessin au fusain.
Signé à gauche et daté : *1855.*

Haut., 46 cent.; larg., 60 cent.

ROUSSEAU (Théodore)

172 — *Étude dans la forêt de Fontainebleau.*

Signé à gauche du monogramme TH. R.

Haut., 30 cent.; larg., 45 cent.

ROYBET

173 — *Le Pillage d'un château.*

Dessin à la plume.
Signé à droite.

TROYON

174 — *Paysage.*

Sur une route qui passe au pied d'un bouquet d'arbres, une paysanne conduit un troupeau de moutons.

Pastel important.

Haut., 1 mètre; larg., 75 cent.

WYLD

175 — *Un Marché à Nîmes.*

Aquarelle.
Signée à gauche.

Haut., 30 cent.; larg., 20 cent.

176 — Sous ce numéro, quelques tableaux, dessins et gravures non catalogués.

BRONZES DE BARYE

177 — Tigre dévorant un crocodile.

Epreuve ancienne.
Patine olive.

Haut., 10 cent. 1/2 ; larg., 27 cent.

178 — Lion marchant.

Patine verte.
Epreuve ancienne.

Haut., 23 cent. ; larg., 40 cent.

179 — Lion assis.

Patine vert sombre.
Epreuve ancienne.

Haut., 35 cent.; larg., 31 cent.

PORCELAINES, FAIENCES
ÉMAIL DE LIMOGES

180 — Grand légumier, avec couvercle, en ancienne faïence de Moustiers, décoré en bleu.

181 — Autre légumier plus petit en ancienne faïence de Moustiers, décoré en bleu.

182 — Deux grands plats, de formes contournées et différentes, en ancienne faïence de Moustier, à décor, d'après Bérain, en bleu.

183 — Deux assiettes en ancienne faïence de Delft, décorées de fleurs en couleurs.

184 — Plat en ancienne faïence de Delft, à décor bleu.

185 — Grand plat creux en ancienne faïence de Rhodes, à décor de fleurs et feuillages en couleur.

186 — Plat en ancienne faïence hispano-mauresque, à reflets métalliques.

187 — Soupière, avec couvercle, en faïence de Rouen, à décor polychrome.

188 — Plat en ancienne faïence de Marseille, à décor de fleurs au centre et feuilles de choux au marli.

189 — Cinq compotiers et deux plats en ancienne porcelaine du Japon, décor de fleurs rouges et bleues, rehaussés d'or sur fond blanc.

190 — Six tasses, avec soucoupes et un bol, en porcelaine de Chine, fond capucin.

191 — Cinq tasses et quatre soucoupes en porcelaine de la Compagnie des Indes, décorées de fleurs.

192 — Sept tasses et bols et huit soucoupes en porcelaine de Chine, décor bleu.

193 — Deux assiettes en porcelaine de Saxe gaufrée, à décor de bouquets de fleurs au centre et écusson au marli.

194 — Assiette en ancienne porcelaine tendre de Sèvres, décorée d'une rosace à coquilles au centre et guirlandes de fleurs et liserons au marli.

195 — Grand plat ovale en ancienne faïence de Nevers, fond gros bleu, à décor d'oiseaux et feuillages en blanc et bleu clair.

196 — Plateau en ancienne faïence de Nevers, à décor de jeux d'enfants et fleurs en couleur bleue.

197 — Une assiette plate et un compotier, de forme lobée, en ancienne faïence de Castelli, décorée de nombreux personnages.

198 — Dix tasses et sept soucoupes en porcelaine de Chine, à décor d'ustensiles et fleurs en bleu sur fond blanc.

199 — Huit tasses à anse et cinq soucoupes en porcelaine de Chine, décor bleu.

200 — Partie de service en ancienne faïence de Moustiers, à décor, en camaïeu vert, de personnages, animaux et feuillages, composé de treize assiettes plates, quarante et une creuses, un saladier, un porte-huilier, cinq plats ronds, quatre longs, deux moutardiers et deux raviers.

201 — Plat en ancienne porcelaine de Chine, à décor d'ustensiles et fleurs en rouge et or, avec émaux bleus, jaunes et verts.

202 — Cornet en vieux Japon, à décor polychrome.

203 — Plat en ancienne faïence italienne, à fond

godronné en relief, décoré au centre d'armoiries en couleur, et, au marli, de rinceaux, de fleurs et d'oiseaux.

204 — Grand vase à couvercle, formant fontaine, en ancienne faïence de Nevers; il est orné de chaque côté d'un mascaron et décoré sur la panse d'un sujet de chasse; frise de feuillage en bleu sur fond blanc.

Haut., 85 cent.

205 — Assiette en émail de couleur de Limoges, par Pierre Raymond, décorée d'un sujet représentant Vénus et Cupidon autour d'une table, avec nombreux personnages festoyant : au marli, chimères à têtes d'hommes; au revers, figures grotesques, fond brun, rehaussé d'or.

MONNAIES D'OR ET D'ARGENT

ANCIENNES

FRANÇAISES ET ÉTRANGÈRES

206 — Charles V. Jean le Bon. Trois pièces.

207 — Charles VI, écu et demi-écu. Henri VI, saluts deux pièces. Ensemble cinq pièces.

208 — Charles VII, écu. Agnel, royal d'or. Ensemble cinq pièces.

209 — Louis XI. Louis XII. François Ier. Charles IX. Quatre pièces.

210 — Louis XIII, louis et demi-louis. Cinq pièces.

211 — Louis XIV, louis et demi-louis. Trois pièces.

212 — Louis XV, double louis de Noailles, louis au bandeau, louis aux deux L. Trois pièces.

213 — Louis XVI, doubles louis. Deux pieces.

214 — République, vingt-quatre livres. Gaule subalpige, vingt francs. Louis Napoléon, roi d'Hollande. Ensemble trois pièces.

215 — Monnaies byzantines et étrangères. Vingt-une pièces.

216 — Modène, Ferdinand-Charles. Quadruple écu de 1614.

217 — Lot de monnaies d'argent et bronze.

BRONZES, MEUBLES

218 — Lustre, forme lampe juive, en cuivre.

219 — Suspension d'autel en cuivre ajouré.

220 — Paire de flambeaux en bronze ciselé et doré.

221 — Paire de flambeaux Louis XIII en métal argenté.

222 — Cabinet en bois noir incrusté d'ivoire. Époque Louis XIII, sur table support.

223 — Console d'époque Louis XVI en bois doré, à dessus de marbre blanc.

224 — Petit médailler en bois noir.

225 — Table en marqueterie de bois, garnie de bronze. Style régence.

226 — Tabouret Louis XV, garni en ancienne tapisserie-verdure.

227 — Chaise Régence en bois sculpté, garnie de canne.

228 — Ecran avec feuille en tapisserie au point.

TAPISSERIES ANCIENNES

BRODERIES, TAPIS D'ORIENT

229 — Tapisserie d'époque Renaissance, à sujet de chasse ; bordure à figures, fleurs et fruits. Haut., 2 m. 40 cent. ; larg., 3 m. 15 cent.

230 — Tapisserie-verdure, à personnages. Bordure en haut et en bas. Haut., 2 m. 15 cent. ; larg., 1 m. 88 cent.

231 — Trois bandeaux en ancienne broderie Renaissance.

232 — Grande carpette d'Orient, à dessin polychrome.

233 — Grand tapis de Smyrne.

234 — Objets omis.

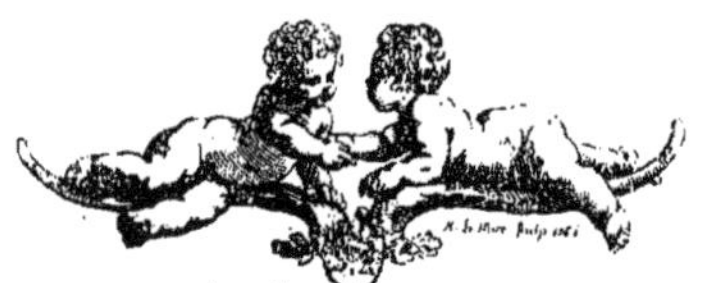

3.450 Tapisserie d'Aubusson du XVIIIe représentant un jeune homme sautant à la corde et un autre tirant de l'arc

www.ingramcontent.com/pod-product-compliance
Ingram Content Group UK Ltd.
Pitfield, Milton Keynes, MK11 3LW, UK
UKHW020509180726
13839UKWH00004B/1987

9 782329 535913